Klaus-D. Heid / Guido Bock

Sex
für
Golfer

TOMUS

ISBN 8231–1328–3

www.tomus.de

Inhalt

Das neunzehnte Loch ...

Marie-Louise nippte am Kaffee, den wir an der Clubhaus-Bar zu uns nahmen.

Während ich in Gedanken das letzte Spiel Revue passieren ließ, wanderte Marie-Louises Fuß unter dem Tisch meine Beine aufwärts, bis er jene Stelle erreichte, die mir sogar wichtiger war als ein Hole-in-One, wenn Tiger Woods unter den Zuschauern weilte.

Nachdem ich mich versichert hatte, dass niemand Marie-Louises Fuß auf seiner Wanderschaft beobachten konnte, lächelte ich ihr nonchalant zu und sagte: „Wir sollten uns heute unbedingt bei mir zu Hause treffen, Liebling! Es kann aber spät werden, Marie-Louise. Wenn du es einrichten kannst, so gegen 23.00 Uhr bei mir zu sein, könnten wir uns ein volles Stündchen miteinander vergnügen! Was ist? Lust, so spät noch vorbeizukommen?"

Die Frau des Stadtratsvorsitzenden grinste mich lüstern an, während sie den Druck auf meine arg gebeutelte Männlichkeit verstärkte.

„Irgendwie kriege ich es schon hin, dass mein Alter nicht allzu neugierig wird. Ich könnte ihm ja sagen, dass ich mit einer Freundin die Nachtvorstellung im Kino besuche! Du kennst Joachim ja. Er vertraut mir blind, seit ich ihn mit seiner Sekretärin in flagranti erwischt habe. Also gut, ich komme. Und warum geht's nicht früher, mein Lieber? Hast wohl noch mehr Eisen im Feuer, wie?"

Fast hätte ich laut aufgeschrien, da Marie-Louise ihre Frage mit einem etwas zu heftigen Stoß zwischen meine Beine untermauerte. „Ist ja schon gut! Wie kann man nur so unersättlich sein, Mäuschen! Ab 23.00 Uhr ist das neunzehnte Loch dran – und du spielst ja lange genug im Club, um zu wissen, dass ich dann vorher kaum Zeit für dich haben kann!"

Dieses Mal schrie ich wirklich auf, als mich Marie-Louises Fuß mit aller Kraft traf. Ich sah ihr lächelnd hinterher, während sie wutschnaubend die Club-Bar verließ.

Joachim, Marie-Louises Mann, hatte mir vor ein paar Tagen versprochen, mich bei der nächsten Stadtratswahl ins Spiel zu bringen. Ist doch logisch, dass ich deswegen meine Prioritäten neu definieren musste, oder?

Dann eben nicht ...

Wie hätte ich das wissen sollen? Woher sollte ein absoluter Laie, der ich nun mal in Sachen Golf bin, ahnen, was man beim Golf-Sport alles missverstehen kann? Jedenfalls hat man mich urplötzlich gebeten, den Schnuppertag etwas eher zu beenden, als es normalerweise üblich ist. Vielleicht hätte ich nicht ganz so viele Fragen stellen sollen? Nun ist's egal. Jetzt bin ich schlauer! Zwar werde ich wohl niemals als Mitglied eines Golf-Clubs akzeptiert werden – aber zumindest weiß ich jetzt, dass Golf doch nicht so unanständig ist, wie ich es zuerst dachte. Beim Schnuppertag wusste ich das noch nicht.

Wie soll schließlich ein Anfänger darauf kommen,

... dass „Backswing" nichts mit Analsex zu tun hat?

... dass „Durchspielen" nicht mit Durchbumsen gleichzusetzen ist?

... dass mit „Hemmnissen" auf keinen Fall Erektionsprobleme gemeint sind?

... dass „Foursomes" nicht eine neue Variante des Gruppensex umschreibt?

... dass „Rabbits" keine leicht bekleideten Mädchen sind, die nie mit Reizen geizen?

... dass „Putt" kein Slangbegriff für weibliche Geschlechtsorgane ist?

... dass „Zeitweiliges Wasser" nicht den Feuchtigkeitsgrad weiblicher Lust beschreibt?

... dass „X-Bälle" nicht den Brustumfang weiblicher Brüste darstellen?

... dass „Triple Bogey" nicht bedeutet, dass drei Kerle über ein Pärchen steigen?

... dass ein „Lochwettspiel" etwas anderes als ein Pfänderspiel ist?

... dass eine „Mitgliedschaft" auch ohne Glied und ohne Schaft möglich ist?

... dass „Kurzes Spiel" kein Quicky auf dem Rasen sein muss?

... dass „Sand Wedge" nur ganz Doofe für Sandwitch-Sex halten?

... dass „Toppen" eine andere Bedeutung als „Poppen" hat?

... dass „Erleichterung" nicht bedeutet, auf den Rasen pinkeln zu dürfen?

... dass ein „Handicap" nicht gleichbedeutend mit „Lust auf Sex ohne Partner" ist?

... dass „Divot" nichts mit Lack, Leder und Peitschen zu tun hat?

Man hat meine Neugier wohl in den falschen Hals bekommen. Aber war es deswegen gleich nötig, mich bei allen Golf-Clubs des Landes als perversen Spanner anzuprangern?

Natürlich bin ich etwas enttäuscht, weil meine ersten Erwartungen in Sachen Golf nicht in Erfüllung gingen. Na und? Was soll's? In der nächsten Woche werde ich es einfach mal in einem Reit-Club versuchen ...

Sex Open Champion-Chip

Mitglied eines Golf-Clubs zu sein, ist in meinen Kreisen nahezu eine gesellschaftliche Verpflichtung, wenn man nicht als verschrobener Außenseiter abgestempelt werden will. Als Rechtsanwalt und Notar, der von den meisten Geschäftsleuten der Stadt respektiert und finanziert wird, ist der Golfsport weit mehr für mich als ein Freizeitvergnügen zur körperlichen und seelischen Entspannung.

Beim Golfen knüpfe ich neue Kontakte. Ich pflege außerdem jene Geschäftsbeziehungen, die für meine Kanzlei absolut lebenswichtig sind. Immerhin gibt es kaum eine maßgebliche Persönlichkeit im Ort, die nicht den Course abgeht, um gleichzeitig das Business zu beleben.

Glücklicherweise gehört der Ausspruch „no dogs, no ladies" der Vergangenheit an. Zwar sind Hunde auf unserem Clubgelände noch immer verboten – aber Frauen hingegen sind überaus willkommen, sofern sie eine gesellschaftlich relevante Position bekleiden. Sie glauben gar nicht, mit wie vielen Damen der Gesellschaft ich aus rein beruflichen Gründen zu tun habe, die mir in der Kanzlei ihr Leid über nachlässige, unaufmerksame und fremd gehende Ehemänner klagen. Mit Fug und Recht kann ich sagen, dass ich wohl mehr über das Privatleben mancher Unternehmer weiß, als der Unternehmer selbst! Dazu kommt, dass im Golf-Club die Ehemänner ihre Versionen erzählen – während ich von den Frauen eine oftmals vollkommen andere Version zu hören bekomme.

Als Vorstandsmitglied des hiesigen Golf-Clubs genieße ich darüber hinaus das Ansehen einer Respektsperson, der sich gerade unglückliche und unbefriedigte Frauen sehr gerne öffnen. Warum auch immer – aber ich kann voller Stolz sagen, dass ich meine berufliche und sportliche Verpflichtung erst als erfüllt ansehe, wenn es mir gelingt, diesen Frauen ein bisschen der Erfüllung zurückzugeben, das ihnen die langweiligen Gatten verwehren!

So ist beispielsweise die Frau unseres Bürgermeisters, Frau Jutta von Grebich-Vogelberg, eine meiner liebsten Partnerinnen auf dem Golfplatz. Abgesehen davon, dass sie zwanzig Jahre jünger als ihr Gatte ist, sieht sie auch noch überaus charmant und geradezu verführerisch aus. Wohl kaum jemand – abgesehen von mir – ahnt, wie todunglücklich die Arme ist. Sexuell unausgefüllt und total unterfordert dient sie ihrem Mann lediglich als Vorzeigepüppchen für gesellschaftliche Aktivitäten und leidet schrecklich darunter, Sex nur ab und an verbal praktizieren zu können!

Jutta hat zwar erst vor Kurzem ihre Platzreife im Club erlangt – aber ich weiß, dass sie schon davor ein Verhältnis mit unserem Greenkeeper hatte. Ich wusste es auch schon, als sie mich fragte, welche gesellschaftlichen und finanziellen Konsequenzen eine Scheidung für sie hätte. Die Scheidung konnte ich ihr in intensiven Beratungsgesprächen ausreden. Einreden konnte ich ihr hingegen, dass sexuelle Kontakte zum Greenkeeper gesellschaftlich untragbar seien, wenn man nicht ins öffentliche Gerede kommen wollte.

Ich empfiehl ihr weiter, den sexuellen Ausgleich dort zu suchen, wo die Verschwiegenheit aus berufsethischen Gründen eine Selbstverständlichkeit sei. Frau von Grebich-Vogelberg ist nur eine der mittlerweile dreißig Damen, denen ich mit väterlichem Rat und männlichen Taten helfen darf, den ehelichen Frust vergessen zu machen. Ich plaudere nicht, ich schwätze nicht und ich genieße ohne überflüssige Worte das Privileg elitärer Vorteile!

14

Ob ich keine Angst habe, eines Tages aufzufliegen?

Kaum! Denn Sie müssen wissen, dass ich mir ja auch das eheliche Leid anhören muss, dass mir die männlichen Golf-Clubmitglieder anvertrauen. Auch die Herren brauchen weitaus mehr, als nur den Rat eines Rechtsanwalts. Da die Ehefrauen ja – durch mich – kaum noch Zeit finden, sich den Gatten zu widmen, stehe ich natürlich auch meinen männlichen Golfpartnern in jeder Hinsicht zur Verfügung.

Und wenn es wirklich mal kracht? Wenn alles auffliegt?

Na toll! Als Rechtsanwalt, der sich auf Scheidungsangelegenheiten spezialisiert hat, kann mir doch eigentlich nichts Besseres passieren, oder?

Dreizehn Regeln ...

Im Jahre 1744 formulierte die „Honourable Company of Edinburgh Golfers" jene dreizehn Regeln, die auch heute noch fast unverändert Gültigkeit besitzen.

Da nun aber Schottland weit weg ist und außerdem seit dem Jahre 1744 eine Menge Zeit vergangen ist, können Sie hier die neuen Regeln des Golfsports kennen lernen!

Bitte seien Sie versichert, dass Sie trotzdem jederzeit die alten Regeln anwenden dürfen, wenn Ihnen das folgende Regelwerk zu innovativ erscheint ...

Regel 1
Die Schläger werden ausschließlich von weiblichen Caddies getragen, die niemals bekleidet den Platz betreten dürfen.

Regel 2
Sexuelle Ausschweifungen einzelner Paare sind mit sofortiger Wirkung auf dem Rough auszuleben, um die Fairways und das Grün für spontan anberaumte Orgien freizuhalten.

Regel 3
Speziell für weibliche Mitglieder gilt künftig: „as it lies"
(sehr frei übersetzt: nehmt sie, wo immer sie liegen).

Regel 4
Ein Bag muss grundsätzlich Kondome in vier verschiedenen Geschmacksrichtungen beinhalten.

Regel 5
Die Pitching Range ist ab sofort für Blind Dates freigegeben.

Regel 6
Im Falle eines No Return hat das betreffende Mitglied Anspruch auf kostenlosen Viagra-Verzehr.

Regel 7
Putting ist nur mit erigiertem Penis erlaubt.

Regel 8
Schnupperkurse werden in „Fellatio-Kurse" umbenannt.

Regel 9
Auf allen Clubhaus-Terrassen müssen die Matratzen stündlich gewechselt werden.

Regel 10
Pro und/oder Proette müssen ab sofort zwölfmal im Jahr einen Aids-Test nachweisen.

Regel 11
Sexualverkehr mit Impact-Tempo ist grundsätzlich verboten.

Regel 12
Wasserbetten auf dem Grün werden nicht als „Zeitweiliges Wasser"
gewertet.

Regel 13
Golfbälle dürfen auch als Liebeskugeln Verwendung finden.
Umgekehrt gilt dies nicht!

Verquer

Heidelinde umarmte ihren Mann. Da waren sie wieder! Sie spürte, dass die Rettungsringe an den Hüften ihres Mannes schon wieder an Volumen zugenommen hatten. Während sie sich von Eberhard das Gesicht abschlecken ließ, dachte sie an ihre beste Freundin und deren Mann Hinrich. Ein Bild von einem Mann! Natürlich sah Margot auch nicht schlecht aus – aber Hinrich?

Heidelinde erwiderte den Kuss ihres Mannes mit überaus gemischten Gefühlen. Hinrich hatte kein Gramm überflüssiges Fett am Körper. Er ließ sich nicht so gehen wie Eberhard. Im Gegenteil! Hinrich und Margot waren wahnsinnig aktiv und taten wirklich alles, um sich körperlich fit zu halten. Eberhards Hintern war auch nicht mehr das, was er einmal war. Die Pobacken ihres Mannes begannen langsam aber sicher dem Gesetz der Schwerkraft zu folgen! Sie hingen! Heidelinde schüttelte sich, als sie daran dachte, wie Eberhard wohl aussah, wenn er noch weitere zehn Jahre das Kreuzworträtseln als einzige Sportart in seinem Leben akzeptierte. In Gedanken sah Heidelinde den Bauch ihres Mannes zu schweineartigen Proportionen anwachsen. Sie sah, wie sich Eberhard mit seinen Fettmassen auf sie warf, um seinen – leider auch nicht bewundernswerten – kleinen Eberhard in sie eindringen zu lassen. Heidelindes Mann streichelte den Po seiner Frau. Offenbar verspürte er gewisse Gefühle, die Heidelinde im Moment unmöglich erwidern konnte. Es sei denn, dass ...

„Eberhard? Süßer? Hat mein kleines Schweinchen etwa Lust auf ein bisschen Bettsport? Darf ich dich um einen Gefallen bitten, bevor du anfängst, dich auszuziehen?"

Tatsächlich war Heidelindes Mann schon dabei, sich von seiner Hose zu trennen. Verunsichert und etwas verstört sah er nun in Heidelindes Gesicht. Was wollte sie denn? Brauchte sie Geld? Irgendetwas wollte sie ihm doch aus der Tasche ziehen, wenn sie diesen Ton anschlug.

„Was gibt's denn, Püppchen? Muss es gerade jetzt sein? Ich bin im Moment gut in Form. Wir können uns doch nachher unterhalten, oder?"

„Nicht nachher, Bärchen! Jetzt! Es ist wirklich nötig, mein Dickerchen …!"

Und Heidelinde legte eine Überzeugungskraft in ihre Worte, dass Eberhard jede Lust auf Lust verging. Je intensiver Heidelinde ihn mit der drohenden Wahrheit konfrontierte, desto mehr verwandelte sich Eberhards kleiner Eberhard in einen Eberweich!

„Ich bin dir also zu fett? Du hast keinen Spaß mehr am Sex, weil ich dir zu fett bin? Und was kümmert mich dieser arrogante Schnösel von Hinrich? Der hat genug Geld, um sich Tennis, Segeln, Badminton, Kraftsport und sogar Golf erlauben zu können! Logisch, dass der Dreckskerl einen knackigen Arsch hat; sein Hintern ist schließlich sein Kapital!"

Heidelinde wusste, dass Hinrich als Callboy sein Geld verdiente. Na und? Solange Margot kein Problem damit hatte, störte es Heidelinde auch nicht. Ganz im Gegenteil! Sie konnte sich sogar schon life von

Hinrichs Qualitäten überzeugen, als sie einmal einen dieser käuflichen Männer anrief, um sich etwas von Eberhards einfallslosen Sexpraktiken zu erholen. Als sie dem Mann die Tür öffnete und Hinrich sah, wollte sie zuerst so tun, als hätte sie niemals seine Telefonnummer angerufen. Dann aber ließ sie sich überzeugen, dass Stillschweigen zu den wichtigsten Prinzipien eines vertrauenswürdigen Callboys gehörte. Niemals würde Heidelinde ihren Eberhard verlassen. Niemals! Trotzdem reizte sie der Gedanke, ab und zu etwas mehr von Hinrichs Fähigkeiten genießen zu können.

„Was sagst du da, Schatz? Golf spielt er auch? Etwa in dem Club, in dem ich mich mal als Schreibkraft beworben habe? Ist ja irre! Ich finde Golf nämlich wahnsinnig aufregend! Es soll gut für Körper und Geist sein, Liebster. Genau das Richtige für dich!"

„Hast du eine Ahnung, was das kostet? Ich kann mir das kaum leisten! Und überhaupt haben die jetzt Hinrich in den Vorstand des Vereins gewählt! So wie ich den Kerl einschätze, werden die Mitgliedsbeiträge gleich um fünfzig Prozent erhöht werden!"

Heidelinde dachte daran, dass sie endlich die Möglichkeit hatte, Spaß und Arbeit perfekt zu kombinieren. Außerdem würde es ihrem Mann wirklich gut tun, wenn er beim Golfen etwas Ausgleich und körperliche Betätigung fand. Mit dieser Hoffnung im Kopf sagte sie zu ihm:

„Eberhard? Ich könnte ja mal mit Margot reden. Sie hat eine Menge Einfluss auf Hinrich. Wenn sie es richtig anstellt, bekomme ich vielleicht doch noch den Job im Club – und du könntest einen Sonderpreis für die Mitgliedschaft rausschlagen! Na? Was sagst du dazu?"

Eberhard musste zugeben, dass er tatsächlich etwas viel Gewicht auf die Waage brachte. Wenn es Heidelinde tatsächlich schaffte, den Job zu kriegen und ihm Sonderkonditionen im Golf-Club besorgen konnte, wäre das gar nicht so schlecht.

„Na gut, Schätzchen! Einverstanden. Du kannst deine Freundin ja mal fragen. Du solltest dich aber beeilen. Wenn es stimmt, was ich gehört habe, will Hinrich den Club zum Jahresende schon wieder verlassen. Ich glaube, er hat so was wie 'ne Rasenallergie! Jedenfalls habe ich gehört, dass Hinrich nur noch bis Dezember Mitglied ist."

Heidelinde schluckte. Wenn das stimmte, brach ihr ganzes Konzept in sich zusammen. Die Hoffnung, dann etwas öfter Hinrichs kräftige Hände auf ihrem Hintern spüren zu können, hatte sich dann erledigt!
„Eberhard? Wenn ich so richtig darüber nachdenke, scheint mir Golf doch nicht der ideale Sport für dich zu sein! Irgendwie passt er nicht zu dir. Was hältst du davon, wenn ich uns beide stattdessen im Fitnesscenter anmelde? Das wäre viel preiswerter und lässt deine überflüssigen Pfunde viel schneller verschwinden!"

„So wechselhaft, Heidelinde? Aber warum nicht? Wenn du meinst, dass es uns beiden Spaß macht? Weißt du übrigens, wem fünfzig Prozent vom Fitness-Center gehören?"

Heidelindes Enttäuschung verwandelte sich in eine frohe Erwartung.

„Hinrich?", fragte sie beiläufig und tat so, als wäre es ihr vollkommen egal. „Wie schön für ihn. Dann wird man sich ja wohl öfter treffen. Ich rufe gleich an und reserviere uns zwei Jahreskarten. Oder besser noch: Ich fahre eben mal zum Fitness-Center und mache gleich den Vertrag fertig, Schatz! In etwa zwei Stunden bin ich wieder hier, ja? Soll ich Hinrich von dir grüßen, wenn ich ihn zufällig sehe?"

„Klar kannst du ihn grüßen. Aber besorg bitte nur eine Jahreskarte. Ich habe mich entschlossen, es nun doch mit Golf zu versuchen! Lass es mich erst mal alleine ausprobieren, Schätzchen! Wenn es mir keinen Spaß macht, leiste ich dir im Fitness-Center Gesellschaft!"

Heidelinde war viel zu aufgeregt, als sich jetzt noch um Eberhards Entschluss zu kümmern. Die Idee, auch ohne ihren Mann ab und zu den schlanken Hinrich zu treffen, gefiel ihr überaus gut. Wie hätte sie auch ahnen sollen, dass Eberhard nicht unähnliche Gedanken hatte? Als er Heidelinde das erste Mal mit Margot betrog, gestand ihm Margot, dass sie es genoss, einen Mann im Bett zu haben, der nicht so perfekt wie Hinrich gebaut war.

Tatsächlich ging Margot wie eine Rakete ab, als sie lüstern die prallen Rettungsringe Eberhards knetete ...

Der Rat des Sexual- und Sportpsychologen Dr. Armin D. Reichenbacher

Situationsbeschreibung:

Frau Hannah G. aus M. schrieb Herrn Dr. Reichenbacher, dass sie es leid ist, die Eskapaden ihres Mannes zu ertragen. Fast täglich fordert Heinrich G. von seiner Frau, dass er einen Golf-Ball auf ihrer Schambehaarung platzieren möchte, um so auch im Schlafzimmer den optimalen Putt üben zu können. Nachdem sie sich ein- oder zweimal bereit erklärt hatte, dem Wunsch ihres Mannes zu folgen, steigerte Heinrich G. seine Bitte in ein nahezu perverses Unterfangen! Eines Nachts, als Frau Hannah G. noch tief und fest schlief, knebelte er die Ärmste an Händen und Füßen, um erneut einen Golf-Ball an jener Stelle zu platzieren, die er zu anderen Zwecken kaum noch wahrnahm. Hannah G. wachte natürlich auf, als sie feststellte, dass sie in ihrer Bewegungsfreiheit vollkommen eingeschränkt war. Ein furchtbarer Schrecken durchfuhr sie, als sie merkte, dass Heinrich G. sich plötzlich neben sie aufs Bett stellte. Sie sah, dass ihr Mann lediglich Golfschuhe trug, aus deren Sohlen metallene Spikes ragten. In dem Moment, als Heinrich G. auf Hannahs Körper steigen wollte, um mit dem Schläger in seiner Hand das Putten zu üben, schrie sie und wackelte heftig mit dem Körper, so dass Heinrich G. die Balance verlor. Er stürzte vom Bett, stieß mit dem Kopf gegen einen der Nachtschränke und brach sich beim Fallen den linken Arm.

Nun die Frage von Hannah G. aus M.:

„Sehr geehrter Herr Dr. Reichenbacher!

Ich liebe meinen Mann wirklich sehr; allerdings stehe ich nun vor der Frage, ob ich meinen Heinrich trotzdem verlassen soll. Kaum war der linke Arm meines Mannes wieder vollkommen verheilt (ich berichtete Ihnen ja bereits, was geschehen war), da wollte er mich nackt in einen Tümpel werfen, um in einer ‚besonders echten‘ Situation trainieren zu können. Er verlangt sogar, dass ich mir einen Kunstrasenanzug schneidern lassen soll...

Ich glaube, dass es so nicht weitergehen kann. Soll ich ihn verlassen, Dr. Reichenbacher? Bitte helfen Sie mir – und geben Sie mir einen Rat! Im Voraus vielen Dank für Ihre Mühe!

Mit freundlichem Gruß!
Hannah G.“

Die Antwort:

„Sehr geehrte Frau G.!

Bitte bleiben Sie bei Ihrem Mann! Zufällig spielt Heinrich im gleichen Club wie ich. Da seine sportlichen Fähigkeiten in Sachen Golf etwas zu wünschen lassen, könnten seine Bemühungen durchaus zu Verbesserungen führen. Wenn er sie also in den Teich werfen, mit Spikes beklettern und die Schläge von Ihrer Schambehaarung aus üben möchte, sollten Sie daran denken, wie wichtig ihm der Golfsport ist. Auch für unser nächstes Turnier ist Heinrich wichtig, Frau G.

Die Geschichte mit dem Kunstrasenanzug finde ich allerdings etwas übertrieben. Sinnvoller und preiswerter wäre es doch, wenn Sie künftig auf jede Körperrasur verzichten würden, oder?

Mit freundlichem Gruß!
Dr. Reichenbacher

P.S.: Bitte fragen Sie Ihren Mann einmal, ob ich ihm bei seinem Training zusehen darf, damit ich ihm ein paar wertvolle Tipps geben kann!"

Unter Par

Susanne spielte eins unter Par. Langsam hatte ich das Gefühl, dass sie auf Birdies abboniert war. Dass ich an einem Par 3 vier Schläge benötigte, quittierte Susanne – wie immer – mit einem fast mitleidigen Lächeln.

„Nimm es nicht so schwer, Georg. Du hast eben eine kleine Pechsträhne. Na und? Der Tag kommt schon noch, an dem du wieder zu deiner alten Form findest. Das hoffe ich jedenfalls für dich, mein Alterchen!"

Alterchen! Nicht nur, dass ich keine Sonne gegen Susanne sah – sie verhöhnte mich auch noch! Zornig griff ich nach dem eben von mir herausgeschlagenen Grasstück, um es wieder einigermaßen ordentlich zu platzieren. Hätte Susanne mein Missgeschick beobachtet, wäre sie gleich wieder mit irgendeinem dämlichen Spruch zur Stelle gewesen.

„Kann jedem mal passieren, Georg! Man sieht kaum noch, was du angerichtet hast!"

Sie hatte es also doch gesehen. Biest! Wahrscheinlich aalt sie sich in dem Gefühl, die bessere Spielerin zu sein. Es würde mich nicht wundern, wenn sie mir ihre Qualitäten auch noch zu Hause im Bett vorhalten würde. Ich höre sie schon regelrecht lästern:
„Mach dir nichts draus, Georg. Jeder Mann kommt mal in die Situation, dass er nicht kann. Vielleicht klappt es ja in zwei Wochen wieder, wenn du dich ein bisschen von heute erholt hast!"

Als wenn ich nicht genau wüsste, dass Susanne sich ihren Spaß schon irgendwo holt, wenn sie's braucht. Zumindest weiß ich aus dem Club, dass dieser Spinner Gutmann scharf auf Susanne ist. Immer, wenn sie sich begegnen, schickt Susanne ihm so einen seltsamen wissenden Blick zu. Wahrscheinlich treiben die beiden es schon seit Monaten! Wahrscheinlich wissen es auch alle im Club, wenn man einmal von mir selbst absieht.

Abends. Im Bett:

„Mach dir nichts draus, Georg. Jeder Mann kommt mal in die Situation, dass er nicht kann. Vielleicht klappt es ja in zwei Wochen wieder, wenn du dich ein bisschen von heute erholt hast!"

„Und die Zeit bis dahin vertröstest du dir mit Garry Gutmann, wie? Glaubst du etwa, ich weiß das nicht? Du treibst es mit ihm, oder? Gib es doch wenigstens zu, Susanne!"

„Unsinn, Alterchen! Und jetzt sei schön lieb – und schlaf. Du brauchst deinen Schlaf!"

„Kaum bin ich eingeschlafen – ziehst du dich wieder an, um zu diesem Gutmann zu fahren!"

„Was redest du da nur? Ich bin müde, Schatz! Schlaf jetzt bitte!"

„Du vögelst mit ihm!"

„Aber nein!"

„Psst! Ich möchte schlafen, Schatz. Wir reden morgen, ja?"

„Wahrscheinlich schläfst du mit allen Kerlen im Club. Sag es schon! Ist es so?"

„Du kannst mich nicht reizen, Liebling. Ich liebe wirklich nur dich!"

„Hast du's auch schon mit dem Pro gemacht? Dir ist doch jeder recht. Ich will's jetzt wissen!"

„Dummerchen! Alles ist gut! Schlaf gut, Alterchen."

„... und Hans Steiner? Axel von Hof? Rainer Silbermann? Kai Henke? Joachim Schmidt? Hä?"

„Schnickschnack. Schlaf jetzt – und reg dich nicht auf. Ich hab viel zu gute Laune, Schatz!"

„Gute Laune? Vielleicht, weil du heute auf dem Golfplatz geschummelt hast?"

„Was sagst du da?"

„Ich sage, dass ich genau weiß, wie du es schaffst, ständig unter Par zu spielen!"

„Nimm das zurück, du Mistkerl!"

„Also stimmt es?"

„Jetzt reicht es! Ich höre mir ja eine Menge Unsinn von dir an – aber was zuviel ist, ist zuviel! Gleich morgen früh gehe ich zu meinem Anwalt und reiche die Scheidung ein!"

Susanne schwang ihren jungen Körper aus dem Bett. Sie musste versuchen, ihren künstlichen Zorn aufrecht zu erhalten, bis der gute Georg das Klappen der Haustür hörte, wenn sie das Haus verließ. Sie war ganz gut im Zeitplan. Rainer musste bereits am Flugplatz sein. In zwei Stunden startete der Flieger nach Dubai. Sie freute sich schon auf Rainer, den Flug – und auf den fantastischen Golfclub des Hotels.

Das gibt's doch nicht!

Hier einige Definitionsbeispiele des Begriffes GOLF, die nur am Rande mit dem Golfen zu tun haben:

Beispiel 1: G.O.L.F.
(in diesem Fall: Genitale Orale Libido Fesselspiele e.V.)

Bei diesem Beispiel handelt es sich um einen ganz besonderen Golf-Club, der in seinen Statuten einige Verhaltensregeln festgelegt hat, die durchaus ungewöhnlich sind. Auszug aus der Vereinssatzung des G.O.L.F. e.V.:

§ 7, Abs. 4
Das Betreten der Golf-Club-Anlage ist männlichen Mitgliedern nur mit erigiertem Penis gestattet.

§ 7, Abs. 6
Das Betreten der Golf-Club-Anlage ist weiblichen Mitgliedern nur ohne männliche Begleitung erlaubt.

§ 19, Abs. 2
Es dürfen nur Golfschläger benutzt werden, deren Griffe Form und Größe erigierter Penisse haben.

§ 22, Abs. 3.1
Mitgliedern ist das Golfen nur oral und mit auf dem Rücken gefesselten Händen gestattet.

„Neulich in der Samenbank"

Beispiel 2: G.O.L.F.

(diesmal: Genüssliches Offenbaren lüsterner Fantasien e.V.)

Auch hier Auszüge aus der Vereinssatzung des G.O.L.F. e.V.:

§ 1, Abs. 2
Das Betreten der Golfsport-Anlage ist nur mit Fernglas und/oder Feldstecher gestattet.

§ 17, Abs. 1
Gespräche auf der Clubterrasse müssen durch hörbare Stöhn- und Lustlaute gekennzeichnet sein.

§ 22, Abs. 3
Turniersieger kann nur der/die Spieler/Spielerin werden, der/die an jedem Loch erotische und Fantasie anregende Geschichten erzählt.

§ 29, Abs. 2
Das Einlochen ist nur verbal erlaubt.

§ 31, Abs. 3
Auf dem Vereinsgelände ist das Tragen von Trenchcoats auf nackter Haut zwingend erforderlich.

Mit ganz viel Liebe

„Ich liebe dich...!"

„Weiß ich doch, mein Schatz!"

„Wirklich? Weißt du auch, was ich besonders an dir liebe?"

„Na?"

„Deine wunderbaren zarten Rundungen. Deine herrliche Form. Die Farbe deiner H..."

„Hör auf! Das ist mir zu peinlich! Ich schäme mich ja schon, Liebling!"

„Ich kann aber nicht aufhören. Deine vollkommene Figur erregt mich unglaublich!"

„Danke! Du solltest trotzdem aufhören."

„... das zarte Weiß deiner Haut bringt mein Blut zum Kochen!"

„Schluss jetzt! Wie soll ich das aushalten, ohne gleich ..."

„Wenn du dich bewegst, verfolge ich dich mit meinen Augen. Jede Drehung deines Körpers..."

„Ja?"

„... versetzt mich in Ekstase, mein süßer kleiner Liebling!"

„Mach mich nicht so an! Ich koche ja schon."

„Wenn du im Gras liegst, ergötze ich mich an deiner nackten Perfektion!"

„Schweinchen!"

„Ich verspüre dann den unglaublichen Drang, dich berühren zu müssen!"

„Na, na ...!"

„... dich schlagen zu müssen!"

„Oh ja! Schlag mich bitte!"

„Ich weiß genau, dass du das willst, Liebling!"

„Es stimmt! Schlag mich nur! Schlag mich hart und fest, mein starker Mann!"

„Ich hole weit aus ..."

„Jaaaaa!"

„... und treffe dich an deiner empfindlichsten Stelle!"

„Oh ja!"

„Ich sehe, wie du abhebst, um durch die Lüfte zu fliegen!"

„Wunderbar!"

„Gott – es ist so schön, dir zuzusehen. Nie könnte ich ohne dich leben."

„Und all die anderen Bälle? Liebst du die auch so wie mich?"

„Die anderen Bälle? Mich interessiert kein anderer Ball! Ich will nur dich!"

„Dann nimm jetzt deinen Schläger – und schlag mich! Loch mich ein. Lass mich fliegen. Ja!"

Er verfolgt gespannt den Flug des Golfballs. Hat er den Ball nicht gut getroffen? Er hörte nur das platschende Geräusch, als der Ball im Teich der Anlage landete. Verdammt! Ein bisschen traurig dachte er an die schöne Zeit mit dem Ball zurück. Dann nahm er einen anderen Ball in die Hand.

„Hallo!"

„Hallo!"

„Ich liebe dich!"

„Das weiß ich doch, mein Schatz!"

Ein Missverständnis

„Guten Tag. Mein Name ist Friedrichsen. Ich möchte mich über die Aufnahmebedingungen des Golf-Clubs informieren."

„Verstehe. Mein Name ist übrigens Charlotte Berger. Ich bin hier sozusagen das Mädchen für alles."

„Fein, Frau Berger. Und? Erzählen Sie mir etwas über Kosten und Leistungen des Clubs? Vielleicht haben Sie ja auch eine Vereinsbroschüre, die ich in Ruhe zu Hause durchblättern kann?"

„Eine Vereinsbroschüre? Tut mir sehr Leid – aber so etwas haben wir nicht. Trinken Sie eine Tasse Kaffee mit mir? Ich könnte Ihnen dann persönlich erzählen, warum unser Club Vorteile bietet, die sonst kein anderer Golf-Club in Deutschland vorzuweisen hat."

„Kaffee? Gerne. Schwarz. Kein Zucker bitte. Dann erzählen Sie mal, Frau Berger. Natürlich interessieren mich zuerst die Aufnahmegebühren und Jahresbeiträge."

„Die Aufnahmegebühr beträgt einmalig 1500 Euro. Jahresbeitrag 1000 Euro. Darin sind aber schon fast alle Leistungen enthalten, einschließlich eventueller Saunabesuche, Whirlpool und Fitnessraum. Unsere Spezialangebote gehen natürlich extra, Herr Friedrichsen."

„Sauna? Whirlpool? Fitnessraum? Ich möchte hier Golf spielen!"

„Natürlich können Sie hier Golf spielen, Herr Friedrichsen. Sogar die Massage ist in der Jahresgebühr enthalten. Wir haben bestens ausgebildete Masseusen, die ihr Handwerk perfekt verstehen!"

„So? Na ja. Und was ist mit der Anlage? Erzählen Sie mir mal etwas über …"

„… die Frauen? Gerne, Herr Friedrichsen. Da ist erst mal Janette. 20 Jahre, brünett, schlank, vollbusig. Oder lieber Beatrice? Mitte 20. Lange schwarze Haare. Etwas korpulent – aber sehr zärtlich. Mögen Sie's etwas härter? Ich könnte Ihnen Sabine empfehlen, die sich super auf gewisse Techniken versteht, wenn sie wissen, was ich meine!"

„Was soll das? Ich will Golf spielen – und mich nicht mit den Frauen hier abgeben! Ich bin ein verheirateter Mann! Also hören Sie endlich auf, mir dummes Zeug zu erzählen!"

„Die meisten Clubmitglieder sind verheiratet, Herr Friedrichsen. Ist doch nichts Schlimmes, oder? Und wenn Sie so scharf darauf sind, es nur im Golf zu treiben, wäre Jane bestimmt die beste Wahl für Sie. Jane fährt zwar einen Opel – aber es ist immerhin ein Kombi!"

Die Lust der Bälle ...

„Hallo!

Es wird wirklich Zeit, dass ich mich zu Wort melde. Vielleicht ist es ein bisschen ungewöhnlich, dass ich als Golf-Ball meine Stimme erhebe –, aber wenn ich nicht den Anfang mache, wird sich wohl nie etwas ändern. Was sich ändern soll? Da fragen Sie noch? Ja, sind Sie denn blind? Haben Sie keine Augen im Kopf? Und machen Sie sich ja nicht darüber lustig, dass wir Golf-Bälle auch nichts sehen können. Wir sind zwar klein, wiegen höchstens 45,93 g und besitzen kein Innenleben – aber wir fühlen! Jawohl! Wir fühlen vielleicht sogar mehr als die meisten Spieler, die uns gedankenlos durch die Luft schlagen. Genau das ist der Punkt, an dem ich ansetzen möchte.

Wir Golf-Bälle registrieren nämlich sehr genau, ob wir von einem Mann oder einer Frau geschlagen werden. Wir empfinden sogar eine gewisse Erregung, wenn wir mit Leidenschaft und Liebe geschlagen werden. Im Grunde genommen ist es unsere einzige Erfüllung lustvoll geschlagen in das Loch zu fallen. In dem Moment, in dem wir fliegen, setzt eine überaus erotische Phase ein, die sich schließlich im Loch als so genannter GOB (Golf-Ball-Orgasmus) entlädt. Wissen Sie, dass wir so gut wie nie GOB's erleben, wenn Männer mit uns spielen? Aber genauso ist es leider! Nur die schlagende Übertragung des weiblichen Lustempfindens beschert uns armen Golf-Bällen wirkliche Befriedigung.

Und warum gibt's noch immer so wenig Golferinnen? Denkt denn niemand an uns Golf-Bälle? Im Gegensatz zu Menschen ist uns näm-

lich die Möglichkeit der Selbstbefriedigung verwehrt. Es wäre ja auch zu blöd, wenn sich ein Golf-Ball sträuben würde, geschlagen zu werden, weil er gerade mit dem Onanieren beschäftigt ist, oder? Ergo? Viel mehr Frauen gehören auf den Golfplatz! Wenn's nach uns Golf-Bällen ginge, hätten Kerle ohnehin nichts mit dem Golfsport zu tun. Hätten wir was zu sagen, dürften Männer bestenfalls an der Bar des Clubhauses Kaffee, Tee und Cognac servieren. Körperkontakt zu uns Golf-Bällen wäre jedenfalls strengstens verboten!

Um der Wahrheit gerecht zu werden, möchte ich allerdings eine Ausnahme ansprechen, die bislang von uns Golf-Bällen totgeschwiegen wurde. Einige von uns sind ... nun ja ... sie sind eben nicht so, wie wir anderen Bälle. Diese einigen, wenigen und vereinzelten Ausnahmen unter uns stehen nun mal auf Männer. Sie haben ganz richtig gehört! Es gibt auch homosexuelle Golf-Bälle. Mich persönlich stört das ja weniger. Ich komme damit gut zurecht, da ich tolerant und weltoffen bin. Es ärgert mich nur, dass diese wenigen Ausnahmen unter uns einen Orgasmus nach dem anderen erleben dürfen, während wir anderen armen Geschöpfe nur davon träumen dürfen, sexuelle Erfüllung zu erlangen.

Also bitte:
ihr Frauen! Spielt Golf! Bitte! Wir brauchen euch! Lasst die Finger von diesen anderen fleischigen Bällen in ihren faltigen Säcken – und nehmt uns!

Die Studie

Eine vor kurzem erschienene wissenschaftliche Abhandlung über das Sexualverhalten regelmäßig Golf spielender Frauen und Männer kam zu einem überraschenden Ergebnis. Die Studie, die von der europäischen Kommission für Sport- und Erotikanalysen in Auftrag gegeben wurde, brachte geradezu unglaubliche Erkenntnisse ans Tageslicht, die bislang nur absoluten Insidern der Golf-Szene bekannt waren. Das mehr als 4000 Seiten umfassende Dossier gliedert sich in zwei Haupterkenntnisse auf, die hier – in aller Kürze – beschrieben werden:

1. Potenz
2. Zärtlichkeit

1. Potenz

Mit modernsten elektronischen Messgeräten wurden bei 350 aktiven männlichen Testpersonen im Alter zwischen 30 und 60 Jahren die Penisdaten (Länge, Umfang, Erektionswinkel) vor, während und nach einem Golf-Turnier festgehalten und registriert.

Ergebnis (Durchschnittswerte)

Messzeitpunkt	Länge/cm	Umfang/cm	Schwellungsgrad/%
vor dem Turnier	14,5	10,01	28
beim Turnier	17,3	14,20	81
nach dem Turnier	15,2	13,10	46

Am Erektionsverhalten der Probanten konnte somit eindeutig fest-

gestellt werden, dass das Spannungsverhalten in einem Golfturnier einen direkten Einfluss auf die männliche Potenz hat. Außerdem belegt die Studie, dass regelmäßiges Golfen Länge, Umfang und Schwellungsgrad männlicher Schwellkörper um bis zu 11 Prozent im Vergleich zu Nichtgolfer-Penissen ansteigen lässt.

2. *Zärtlichkeit*

Dieser Test wurde an 350 regelmäßig Golf spielenden weiblichen Personen durchgeführt. Während des Tests durften die Testpersonen nur mit nicht Golf spielenden, anonymen und männlichen Partnern, sexuelle Stimulationsversuche durchführen. Beginnend mit dem ersten Sichtkontakt bis hin zu einem eventuellen Orgasmus waren alle Probanten mit Sexualmess-Elektroden bestückt, die jede zärtliche sexuelle Stimulation aufzeichneten.

Ergebnis (Durchschnittswerte)

Messzeitpunkt	ZPS* bei Golfern	ZPS* bei Nicht-Golfern
erster Sichtkontakt	11	03
Vorspiel	81	23
Höhepunkt	96	55
Nachspiel	23	01

(*ZSP = Zärtlichkeitspunkte pro Sekunde)

Zum einen belegt dieser Test, dass Frauen grundsätzlich über die besseren Stimulationsfähigkeiten verfügen. Außerdem konnte nachgewiesen werden, dass Golf spielende Frauen knapp doppelt so viele ZPS

auf ihrem Konto verzeichnen als nicht Golf spielende Frauen. Die Studie wurde als therapeutisches Instrument an alle wichtigen Sexualpsychologen des Landes verschickt.

Fazit:

Golfer sind die besseren Liebhaber und Liebhaberinnen. Golfer sind 1. ausdauernder, 2. liebevoller und zärtlicher und 3. testfreudiger als alle anderen Sportler und Sportlerinnen, die man als Probanten eingeladen hatte. So ist es nur dem Drängen der Testpersonen zu verdanken, dass die europäische Kommission für Sport- und Erotikanalysen die Testphase von vier Stunden auf zwölf Monate verlängert hat.

Golf-Episoden

I. Handgriff

Die erste Stunde mit dem Pro hatte es, fand ich, in sich. Was als Schlagtraining geplant war, entwickelte sich rasend schnell zu einem irrsinnig verwirrenden Spiel zweier Menschen, die Spaß am Sport in freier Natur hatten:

„Wir sollten noch ein bisschen die Fingermuskulatur trainieren, Bettina. Die Kraft deiner Finger ist unheimlich wichtig für die Präzision eines Schlages. Nimm noch einmal den Schaft fest in die Hand. Und? Fühlst du die Kraft und Stärke, die von ihm ausgeht?"

„Eigentlich nicht richtig, Alfredo! Er fühlt sich irgendwie weich an!"

II. Spannung

Auch die zweite Stunde mit dem Pro bescherte mir einen hochroten Kopf. Trotzdem war ich mir ganz sicher, dass ich mich auch auf weitere Stunden freuen durfte.

„Du musst wissen, dass der Driver den geringsten Neigungswinkel am Kopf und den längsten Schaft hat. Das ist nämlich erforderlich, wenn man eine niedrige Flugbahn und eine größtmögliche Weite erreichen will! Am besten ist es, ich zeige dir mal meinen Driver, Bettina."

„Gerne, Alfredo. Soll ich mich auch ausziehen?"

III. Stellung

Wusste ich's doch! Alfredo und ich trafen uns nun schon zur dritten Stunde. Offenbar gefiel es ihm, wie gut ich beim Lernen aufpasste.

„Beim Droppen musst du auf die korrekte Armhaltung achten, Bettina. Der Arm muss auf Schulterhöhe ausgestreckt sein!"

„Ist das echt wichtig? Bisher habe ich beim Poppen nie darauf geachtet, wie meine Armhaltung ist!"

IV. Ziel

Die vierte Stunde brachte den Durchbruch. Alfredo und ich sind mittlerweile ein Paar. Zumindest sind wir ein Pärchen, das sich ab und an auch mit anderen Pärchen trifft. Wie's dazu kam?

„Ich bin total erschöpft, Bettina. Wir sollten auf der Club-Terrasse erst mal was Kühles trinken, ja?"

„Muss es denn dieser Club sein? Ich wüsste da eine voll geile Alternative, Alfredo! Jedenfalls war der Club früher immer supercool, wenn man sich erholen und entspannen wollte. Kommst du mit?"

Die wahre Bedeutung

Golf und die sieben Geißlein

Katja, Anja, Hilde, Helen, Annika, Ruth und Ilona Geißlein waren die ersten lesbischen Gewinnerinnen des berühmten Golf-Turniers hinter den sieben Bergen. Die Mädchen behaupteten sich gegen die bis dahin in der Weltrangliste führenden sieben Zwerge. Nach dem Turnier entschlossen sich die Mädchen, ihre Sexualität doch wieder heterosexuell auszuleben. Sie verliebten sich in die sieben Zwerge – und heirateten sie alle. Und wenn sie nicht gestorben sind …

Golf im Schafspelz

Jonathan W. Muppledick musste im Jahre 1754 in Edinburgh – nur im Schafspelz bekleidet –, sein Turnier zu Ende spielen. Diese Strafe wurde ihm von den ehrenwerten Vorstandsmitgliedern auferlegt, da Muppledick zuvor gewettet hatte, mit seinem erigierten Penis einen Hole in One schaffen zu können. Selbstverständlich verstieß er mit dieser Wette gegen alle geltenden Regeln.

Golfgang Amadeus Mozart

Österreichischer Golfprofi, der vom Landesverband ausgeschlossen wurde, weil er in flagranti mit der Frau des Vorstandsvorsitzenden auf dem Golfplatz erwischt wurde, die sich gerade intensiv um Golfgangs Zauberflöte kümmerte.

Golffinger

Titel eines nie zu Ende produzierten James Bond Films, in dem ein Schauspieler James Bond verkörpern sollte, dessen Hoden während eines Golfturniers von einem Golfball getroffen wurden. Aufgrund der daraufhin viel zu hellen Eunuchenstimme des Darstellers, entscheid sich die Produktionsfirma gegen eine Fortsetzung der Dreharbeiten ...

Golfmarie und Pechmarie

Die Geschichte zweier Amateurgolferinnen, die grundsätzlich nur gegeneinander spielten. Ob's am Namen der Pechmarie lag? Jedenfalls gewann Golfmarie jedes Spiel! Eines Tages wurde es Pechmarie einfach zu dumm – und sie entschloss sich, aufs Golfen zu verzichten. Stattdessen heiratete Pechmarie einen gewissen Christian Andersen, den sie zufällig auf dem Golfplatz kennen gelernt hatte. War's nicht vorhersehbar? Andersen begegnete auch Golfmarie. Er ließ sich von Pechmarie scheiden, um nun die Ehe mit Golfmarie einzugehen. Wieder Pech für Pechmarie ...

Janine

Und schon wieder ein saumäßiger Schlag! Wenn es mir nicht bald gelang, mich auf das Spiel zu konzentrieren, konnte ich mich wohl nach einem anderen Club umsehen. Schon seit Wochen führte ich mich auf dem Gelände auf, als hätte ich das erste Mal einen Schläger in der Hand. Abgesehen davon, dass ich ständig übers Grün schlug, wirkte ich wohl tatsächlich wie ein stümperhafter Hacker, der sich besser auf Sportarten wie Fußball oder Gewichtheben stürzen sollte. Langsam fiel mir auch keine Ausrede mehr ein, um mein chaotisches Spiel zu entschuldigen. Die Geschichte mit den drückenden Schuhen glaubt mir eh keiner mehr. Dass Luftschläge zu meinem Standard-repertoire gehören, kann ich auch nicht mehr mit Bandscheibenvor-fällen entschuldigen. Niemand glaubt mir noch, dass mein Handschuh beim Waschen eingegangen ist und deshalb viel zu klein für meine Hand ist. Schlimmer noch: wenn's so weiterging, würde man mich mit dem einstimmigen Beschluss der Mitgliederversammlung aus dem Club entfernen lassen! Und das mir! Mir, der ich seit zehn Jahren unter Beweis stellte, dass ich zu den besten Golfern der Stadt gehöre! Was für ein Schande! Aber es hilft alles nichts. Die anderen Spieler können mein ständiges Gejammer schon nicht mehr hören. Im Club-haus weicht man mir mittlerweile konsequent aus, als ob ich so etwas wie ein ‚unerwünschter Fremdkörper‘ wäre. Selbst meine alten Freunde, die mich vom ersten Tag meiner Clubmitgliedschaft kennen, distanzieren sich von mir. Und warum das alles? Weil ich meinen ver-dammten Kopf nicht freihabe! Jawohl! Sobald ich den Handschuh über meine Hand ziehe, denke ich an Präservative. Wenn ich nur den Schläger berühre, sehe ich den makellosen Körper Janines vor mir.

Das Vater—Sohn Gespräch

Umschließen meine Finger den Golfball, assoziiert mir mein Gehirn, dass es sich um Janines entzückende Brüste handelt. Bei jedem Hindernis denke ich an Janines zarten Po – und schlage prompt in die Luft, um meine Traumfrau nicht zu verletzen. Wenn ich die Augen schließe, um mich besser konzentrieren zu können, beginne ich von Janines zärtlichen Liebkosungen zu träumen. Manchmal stehe ich dann eine halbe Stunde mit geschlossenen Augen auf dem Grün, weil ich mich nicht von meinen erotischen Fantasien trennen kann. Überall sehe ich Janine! Selbst an der Bar überschwemmt sie meinen Verstand mit lustvollen Gefühlen, wenn ich an einem heißen Kaffees nippe – und dabei glaube, Janines leicht geöffnete Lippen spüren zu können. Ich stolpere über Hindernisse, renne gegen Bäume und spreche sogar schon die männlichen Mitglieder des Clubs mit „Janine" an! Janine hier, Janine da und Janine dort! Überall nur noch Janines! Wenn das so weitergeht, werde ich wahnsinnig! Und das Schlimmste von allem ist, dass ich dieser Janine niemals life begegnen kann. Unmöglich! Die Janine, von der ich Tag und Nacht träume, existiert nur als Cover-Bild einer Golf-Zeitschrift. Wie ein Blöder habe ich dieses Bild immer und immer wieder angestarrt, bis es schließlich in meinem Unterbewusstsein zum Leben erweckt wurde. Und dann noch der Untertitel zu dem Bild Janines:

„Janine liebt den Stiff!"

Janine liebt den wenig biegsamen Schaft? Muss man als alleinstehender Mann bei diesem Untertitel nicht automatisch gegen Dauererektionen ankämpfen, wenn man derart unterversorgt ist wie ich? Ist es nicht nachvollziehbar, dass in meinem Kopf für kein anderes Bild

Platz ist, als für das meiner „Janine"? Auch jetzt stehe ich vollkommen nutz- und sinnlos auf dem Grün – und träume von dieser Frau, die mich langsam aber sicher in den Wahnsinn treibt. Ich weiß ganz genau, dass ich mich bescheuert anhöre! Einem normalen Mann kann so etwas nicht passieren. So etwas darf einem normalen Mann nicht passieren, wenn er nicht eines Tages zwangseingewiesen werden will. Ich weiß das! Und doch: ich kann mich nicht beherrschen! Mittlerweile ist es schon so schlimm mit mir, dass ich nur noch gebeugt übers Grün gehen kann, damit niemandem der Zustand meiner Erregtheit auffällt! Ist das nicht peinlich? Ist das nicht absolut unnatürlich? Ein Mann verliebt sich in das Hochglanzfoto einer völlig anonymen jungen Dame, die wahrscheinlich mit Golf genauso viel zu tun hat, wie ich mit Ackerbau und Viehzucht! Oh Gott! Schon wieder stehe ich mit geschlossenen Augen herum – und behindere andere Spieler! Ich schäme mich so! Offenbar ist jemand hinter mir. Wusste ich's doch, dass man mich nun aus dem Club feuern wird! Das musste ja so kommen! Ach, Janine! Warum bist du auch nur ein gefühlloses Bild in einer Zeitschrift? Trotzdem nehme ich es dir nicht übel, dass ich mich nun nach einem anderen Club umsehen muss. Du kannst nichts dafür! Es ist einzig und allein meine Schuld!

„Geht es Ihnen nicht gut? Kann ich helfen? Möchten Sie vielleicht einen Kaffee mit mir an der Bar trinken? Ich bin neu hier – und könnte ein paar gute Tipps brauchen. Mein Name ist übrigens Janine ..."

Sex in allen Lebenslagen

Sex für Aktionäre
ISBN 3-8231-1330-5

Sex für Autofahrer
ISBN 3-8231-1329-1

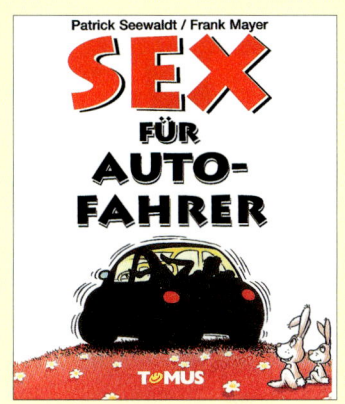

Sex für Computerfreaks
ISBN 3-8231-1327-5

Sex über 50
ISBN 3-8231-1320-8

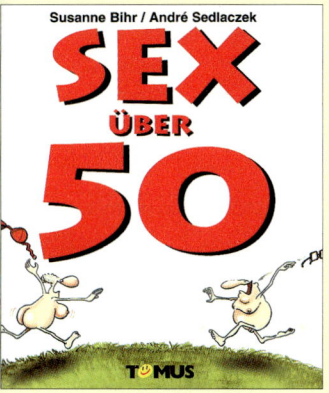

Sex für Motorradfahrer
ISBN 3-8231-1326-7

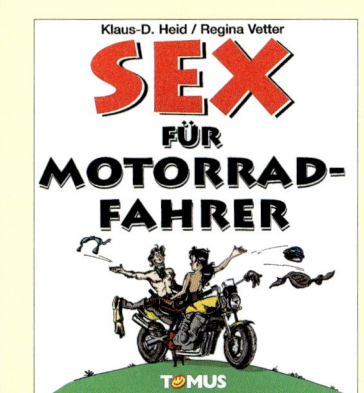

Sex im Ruhestand
ISBN 3-8231-1325-9

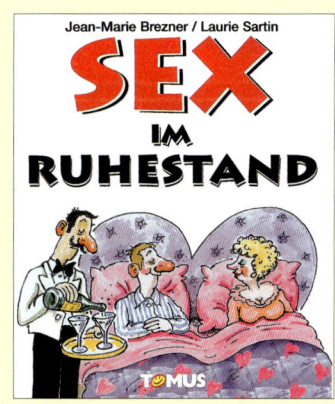

Jeder Band hat 72 Seiten
mit ca. 30 Farbcartoons,
Format 16 x 18,5 cm

Glück und viel Freude ...

Buch und Glückwunschkarte in einem! Ihr ganz persönliches Geschenk zum Verschicken mit witzigen Stories, knallbunten Cartoons und viel Platz für eigene Zeilen.

Jeder Band hat 24 Seiten mit zahlreichen Farbcartoons.
Jeder Titel mit eigenem Kuvert.
Format 10x 18 cm, Briefkuvert 11,5 x 19,5 cm

Beim Golfen!
ISBN 3-8231-1358-5

Zum Geburtstag!
ISBN 3-8231-1365-8

Mit dem Motorrad!
ISBN 3-8231-1366-6

Auf der Karriereleite
ISBN 3-8231-1367-4

Im Ruhestand!
ISBN 3-8231-1356-9

Zur Volljährigkeit!
ISBN 3-8231-1359-3

In der Partnerschaft
ISBN 3-8231-1360-7

Mit dem Führerschei
ISBN 3-8231-1364-X

Beim Sex!
ISBN 3-8231-1361-5

In der Ehe!
ISBN 3-8231-1362-3

Mit dem neuen Auto!
ISBN 3-8231-1363-1

Im neuen Heim!
ISBN 3-8231-1357-7